꿈꾸는 여행

송춘용 시집

꿈꾸는 여행

문경出판사

시인의 말

세 번째 시집을 상재한다
좀 망설였지만
어려움을 잘 극복한 나에게
축하 선물이라도 해주고 싶었다
그동안
놀기만 한건 아니었나 보다
산다는 건
늘 목마름 같은 것
내 안에
무엇을 채워야 목마름이 가실까
채워지지 않는 이 갈증
오늘은
소낙비라도 내리면 좋겠다

하정의 뜰에서
2024년 늦가을

차례

■ 시인의 말 · 9

제1부 오월, 그리고 봄비

17 · 3월
18 · 설중매
19 · 넝쿨장미
20 · 벚꽃
21 · 수채화
22 · 파크골프
23 · 칡차
24 · 새벽을 열다
25 · 제비꽃
26 · 두루봉에서 땀을 닦다
28 · 장미처럼
29 · 봄바람
30 · 닮은 것
31 · 치매
32 · 오월, 그리고 봄비
33 · 동창생
34 · 간월도에서
35 · 흘러가는 것

36 · 저들이 사는 법
37 · 산다는 것은
38 · 기타를 치면서
40 · 뜀박질

제2부 가을을 밟다

43 · 길을 찾다
44 · 닮았다
45 · 낙엽
46 · 술 이야기
48 · 울고 싶은데
50 · 갈맷빛 향기
51 · 가을을 보내며
52 · 또복이
53 · 치유
54 · 가을 중독
56 · 11월 끝자락
57 · 장령산의 가을
58 · 잔인한 계절
59 · 서글픈 계절
60 · 조용한 이별

62 · 가을 장미
63 · 가을비
64 · 가을을 밟다
65 · 맹장 수술

제3부 꼬리를 무는 밤

69 · 여름밤의 상념
70 · 한여름의 꿈
71 · 불청객
72 · 곤궁한 운명
73 · 닭발에 기대어
74 · 거울 앞에서
75 · 비보라
76 · 열대야
77 · 낮달
78 · 소낙비
79 · 늙는다는 것·1
80 · 몸살
81 · 길
82 · 수신 부재
84 · 기억의 초상

85 · 내 고향 지금은
86 · 가원이
87 · 공짜는 없다

제4부   무심한 바람

91 · 겨울비
92 · 첫 발자국
93 · 부자가 되다
94 · 일흔 즈음 그 사람
96 · 무기력
98 · 모순
99 · 안전 사고
100 · 나이테·2
101 · 관계
102 · 막내이모
104 · 아버지의 기억
106 · 흔적
107 · 아버지의 안식
108 · 반월
109 · 남대문 시장
110 · 꿈꾸는 여행

112 · 대마도에서 얻은 이름
114 · 아버지와 단전호흡
115 · 늙는다는 것·2
116 · 해마중
117 · 기도

| 작품해설 |

118 · 오감을 느끼게 하는
　　　신박한 생활의 집합체, 그것 _송은애

제1부

오월, 그리고 봄비

3월

마지막 폭설로
겨울과 진한 이별식을 거행하더니
어느덧
언 땅을 녹여 틈을 만들고
봄바람 머문 자리마다
싹을 틔우고
꽃대를 세우고 있구나
곧
잔치가 벌어지겠네

설중매

눈 속에서
너는 꽃을 피우는데

내 눈에서는
왜
눈물이 피는 걸까

넝쿨장미

담장에 불이 붙었다
태양이 불씨를 지펴 주자
이글거리며 활활 타오른다
불과 불이 손을 잡고
무서운 속도로 담벼락을 덮는다
소나기로도 꺼지지 않는 불송이들

도루코 면도날처럼
나누어진 세상은 온통 차가운데
저 불꽃으로
세상을 데울 수는 없는 걸까
불길 나에게 옮겨 붙었으면
화상을 입어도 좋겠다
산책길
내 눈에 불똥이 떨어진다

벚꽃

가슴 아리는
저
아름다운 꽃이여

너는
내 안에서
눈부시게 피어나고

나는
독주처럼 취해
아프게 떨린다

수채화

그림을 그린다
물과 물감이 조화롭게 어울린다
붓을 골라
가늘고 긴선, 짧고 굵은 선
어둠과 밝음, 맑고 투명한 터치, 색감 번지기
내 손에 달려있다
붓은 마음 가는대로 표현이다
정형화된 기법에서 벗어나
나만이 즐기는 표현
여유로운 행복한 시간
때로는 외로운 작업이기도 하지만
거친 세월
복잡한 머릿속 치유되는 명의사이다
초심에서 희망을 꿈꾸는
결과에 심판 받지 않는 자기만족이다
나이 들어 할 일 하나 보태어진
내 인생 후반의 고독한 벗이다

파크골프

추위도 잊고 모였다
볼에 스치는 바람은 역시 겨울이다
같은 방향 바라보며
함께 걸어야 할 동반자들과
저마다의 거리 재면서 일행이 된다
심판이 없는 유일한 스포츠
잔디를 걷기 시작한지 반년
오가는 지인들과 눈인사도 나누고
굿~샷
집중하다보면 어느새 시간은 훨훨 날은다
일상에서 벗어난 편안한 시간
계절이 변하는 속도를 감지하고
고목나무에 앉아있던 참새들의 응원에
힘을 얻는다
B코스 9홀 마지막 PAR 4
까다로운 구간에 빨리듯이 들어가는 공
홀인원 이다
나이스 샷 ~~
동반자들의 힘찬 축하와 하이화이브
앗싸 기분이다
나 오늘 함박꽃이 되었다

칡차

꽃샘바람이 시샘하는 오후
칡차를 마신다
씁쌀하고 달짝지근한 맛
산비탈 어디서든 마구 던져도
아무나 붙잡고 칭칭 감고 살아가는
유연하고 강인한 질긴 생명력의 뿌리
지난여름
거친 산막을 푸르게 뒤덮는 강성한 세력
어쩌다 내 손에 들어 왔는지
카페인 피해 커피 대신 마신다
코끝을 간질이는
그윽하고 매력적이 보랏빛 꽃
중년 여인의 관능미의 향기
오늘은
칡차를 마시며 단상에 젖어본다

새벽을 열다

하현달이 창문을 노크하는
하얀 새벽녘
전기담요에 파묻혀
휴대폰속의 안부를 듣는다
매일 새벽 습관 된 배드민턴
갈까 말까
가을은 짧고 발 빠른 겨울 앞에서
망설임이 잠시 흔들린다
모자란 잠 털어내며
신발장 앞에서 운동화 끈을 질끈 묶는다
나서는 발걸음
사방은 아직 미명인데
싸늘한 공기가 온몸을 엄습한다
땀 흘리는 시간, 파이팅이 넘치고
충만한 엔돌핀과 함께
내안의 세포들이 웃는다
신발을 신기까지
자신과의 짧은 타협이
나의 긴 하루의 안부를 묻는다
나를 깨우는
아 – 상쾌한 아침이다

제비꽃

골목 길 보도블록 틈새
줄지어 서있는 보라색
척박한 환경에도 웃고 있는 작은 꽃

아장아장 걷던 아이
방글 방글 중얼이며
신기한 듯 앉아서 바라본다

발걸음 멈추고
정겨운 한 폭의 그림을
눈으로 담는다

잠시 왔다 가는 생
돌보는 이 없어도
바라보는 눈빛에 미소 짓는 너
물 한잔 주고 싶다

두루봉에서 땀을 닦다

도솔산 아담한 사찰 내원사 지나
두루봉 약수터 아래
배드민턴 야외 경기장이 있다
키 큰 소나무들에 둘러싸여
햇빛과 바람을 막아 주고
4계절 표정이 살아 있는 곳
코로나 괴물을 피해
뜻이 맞는 선수들이 모여 울분을 삭힌다
산비둘기 산까치 이름모를 새들의
힘찬 응원에
얼굴이 화끈 온 몸에 땀이 스며들면
산바람이 전해주는 피톤치드 한잔에
힘이 불끈 솟는다

아~ 얼마나 아름다운가

엔돌핀 가득 안고 도란도란 하산 길
주지 스님의 청아한 염불 소리에
평온한 발걸음
내원사 터줏대감 저 산까치
불경소리 듣고 해탈 하겠네

작별 인사조차
찬불가 닮아가고 있구나

장미처럼

까칠한 가시를
곧게 세우는 것은
너의 향기에 취해
가까이 하지 못하게 하려는
몸짓인게야

도도한 자태
빛나는 아름다움을
끝까지 지키려는 거겠지

떠오르는 태양처럼
화사한 너의 모습
속살까지 붉디붉구나

나도 너처럼
붉은 불꽃 피워 오르듯
한번쯤
뜨겁게 달아 올라봤으면

봄바람

햇살에 취한 여인들
외투를 벗고
봄마중을 나선다

바람의 속삭임
봄볕의 유혹
어디로 떠나야 할까

닮은 것

날씨 좋은 날
산 위에서 바라보는 하늘색과
바다색이 닮은걸 볼 수 있다
지구 표면의 수분과
내 몸의 수분 비율이 닮았고
인생의 생로병사가
춘하추동 사계절과 닮았다
그리고
반짝이는 아가들의 눈망울과
밤하늘 수줍은 아기별이 닮아있다
더욱 궁금한 것은
나를 압도하는 신비한 은하수
질서 있는 태양계
우주의 생성을 처음부터 끝까지 알고 있는
나를 사랑한다는 절대자의
비밀스런 속셈이
내 안의 어떤 점이 닮았을까

치매

그가, 어떻게 찾아 왔는지
기억이 없다
그는 불청객이다
보이는 세상이
신비하고 어지러워
꼬불꼬불 막다른 골목에서
방향을 잃었나 보다
망각에게 사로잡힌 영혼은
가상과 현실에서 헤매고
과거와 미래를 오간다
체면이나 가식의 허상에서 벗어나려고
문명의 옷을 던져 버렸다
옛날로 되돌아간 아이가 되어
당돌한 거짓말쟁이가 되었다
역병도 재앙도 아닌 그저 안타까울 뿐
어린 아이 같아야 천국에 간다는 말씀에
두려운 존재만은 아닐거라며
건조해진 세월을
애처로이 지켜볼 수밖에

오월, 그리고 봄비

늦은 봄비가
봄과 여름 사이에서
시린 꽃잎 떨구고 있다

무심한 창가를
스치듯 지나며
아카시아 향기를 잠재우고 있다

내안에 피어나던
꽃의 이름은 무엇일까
산다는 것은
끝없이 타는 목마름

이 비 그치고 나면
누군가와 마주 앉아
비어 있는 술잔에 봄비를 담아
추억처럼 고요히 마시고 싶다

동창생

옛 친구들 모였네
천진한 얼굴 웃음으로 가득하고
술잔 속에 찻잔 속에
옛 이야기 차고 넘치네
걸쭉한 육담도
웃음으로 받아 넘기는 뻔뻔함은
하늘을 찌르네
지금까지 잘 산 것도
조상의 덕이라며
먼저 가신 부모님들 이야기가
눈시울을 적시기도 하였네
헤어지며 흔드는 하얀 손
쓸쓸 해지는 가슴들
무심한 세월의 기차는
어느 듯
6호선에 서있고
나는 출구를 찾아 헤매고 있었네

간월도에서

자연이 빚은 섬
썰물과 밀물에 따라
섬이 되고 육지가 되는
부처님이 거처하는 신비로운 집
은빛 물결 따라 갈매기 춤추는 곳
붉어진 바닷속으로
하루 일을 마친 태양이 빠져들면
낙조에 발갛게 물든 사람들
환호성을 지르며 함박꽃 피운다

누군가 묻는다
일출과 일몰의 차이를
의견이 분분하지만 차이를 모른다는
하지만 분명한건
어둠에서 나오고 어둠으로 사라지는 것
탄생과 소멸의
우주의 섭리 자연의 이치
인간도 이같이 삶과 죽음이 있을 뿐

흘러가는 것

언젠간 가겠지 푸르던 내 청춘……
라디오에서
산울림의 노래가 흐느적거린다
지나가는 청춘을 그리는 단순한 멜로디가
심장으로 파고 든다
피할 수 없이 견뎌온 시간을 되돌아보며
지난날 사진을 본다
1년 전 2년 전 그리고 훨씬 전의 사진이
다르게 웃고 있다
거스를 수 없는 계절은
나를 업고 겨울로 향하는데
내 안에 피어나던
많은 꿈 들은 어디로 가는걸까
어느 덧
윤기 있던 피부는 서서히 퇴색해 지고
양손에서 가랑잎 소리가 들린다
저물어 가는 소리
겨울로 향하는 소리

저들이 사는 법

외벽 한 구석
외줄 타고 내려오는 거미 한 마리
너는 나보다 재주가 좋구나

어미 품안의 젖먹이 강아지야
너는 행복 하구나
맘껏 어리광을 부릴 수 있다니

골목길 귀를 간질이는
암 수 두 고양이 교태로운 몸짓
자유로운 사랑의 언어

저들만의 세상
자연에 순응하며 살아가고
우주는 질서있게 돌아가고 있을 뿐

산다는 것은

누구를 위하여
무엇을 위해서 사는 걸까
그것은 참으로
어려운 숙제같은 미스테리한 일이다

삶에 대한 고민으로 숨을 쉬고
불화의 해답 구하고
갈등을 매일 풀어 가며
견디면서 희망으로 가는 일

타인과 만나고 헤어지고
타협하며
서로 사랑하는 일

행복해지는 힘을 키우고
자기 영혼 매일매일 가꾸며
순간마다 새롭게 피어나는 일

기타를 치면서

꽃향기에 취해 비틀거리던 발걸음
나도 모르게 향한 지하 놀이방
아버지의 그림들과 나의 서투른 작품들이 단비처럼 반긴다
남편 친구들이 놀다간 흔적
당구공들이 뒹글고
빈 소주병들이 줄 맞추어 서있다
구석에 먼지 쌓인 통기타
제멋대로 늘어진 줄을 팽팽하게 당겼다
그 옛날에 불렀던 노래
"그리운 사람끼리" "토요일 밤에" "해 뜨는 집"…
수많은 노래를 미친 듯이 불렀다
봄기운에 취한 탓인지
가슴이 뻥 뚫린다
어젯 꿈에 기타가 부서져 안타까웠는데
이렇게 기타를 치려고 그랬나보다
내안 깊이 어떤 불꽃이 숨어 있었는지
성가셨던 마음마저 평온 해진다
첫선을 보는 날
기타 치며 한 남자를 향해 불렀던 노래
복음가수 민희라의 '미소'를 조용히 부르며 마무리 했다

폭발할 듯이 화가 나있어도
기타를 치면서 '미소'를 조용히 부르면
온몸이 허물어지는 남자
LED 형광 불빛 파장 속에서
한 남자가 눈앞에 아른거린다

뜀박질

인적이 드문 뚝방길
또복이랑 달리기 시합을 했다
준비 땅 출발!!
처음 50미터는 내가 이기는듯 했다
100미터 또 100미터
머리카락 휘날리는 발빠른 이녀석을
이길 재간이 없다
숨이 턱턱 막히고 아찔하다
3kg도 채 안되는 녀석 12살이 되어
같이 늙어가는 처지인데 지칠줄 모른다
갑천의 봄바람을 마시며
버들강아지와 토끼구름도 함께 뛰었다
숨소리 거친 만큼 웃음소리도 커졌다
녀석의 조상은 영국 왕실 견
귀품이 있고 사랑스럽다
내 가슴 한켠에 떡 차지하고 있는
어딜가나 늘 안부가 걱정되는 녀석
언제까지 뜀박질을 함께 할 수 있을까

제2부

가을을 밟다

길을 찾다

바람 한 점 없다
잠 못 들고 울어대는 풀벌레 소리에
창문을 열었다
잠을 밀어내며 커지는 생각들
단단했던 가슴 한 구석에서
흔들리는 숨소리를 듣는다
잊지 못할 지난 기억들
서로를 향해 찌르던 손가락
아프다
겉보기엔 멀쩡해도 상처 입은 마음조각
하나씩 흘려버려야 할 것들
점점 잦아드는 풀벌레 울음
막혔던 가슴도 조금씩 열리고
내 안 깊은 곳
고요한 호흡이 길을 찾는다
자연의 섭리를 따르면 평온한 것을

닮았다

셔틀콕에 푹 빠져
심장 뛰던 날
배드민턴과 사랑이 닮은걸 본다
조금씩 스며드는 것
할 수 록 중독이 되는 것
충족되지 않으면 애가 타고
멀리하면 공허하다
행복한 날이 있고
아픈 날도 있고
점점 빠져 드는 것과
헤어지기는 더 어렵다
그리고
내 맘대로 안 된다는 것도

낙엽

매화향 펄럭일 때
싹틔운 인연
애정은 꽃 피웠지

달빛 물든
노란 얼굴
멍울을 떨구던 날

더욱 단단해 지는
내면의 맑은 꿈 키웠지

가을 끝
떨어진 낙엽
네사랑은 아름답구나

술 이야기

부부가 술을 마신다
명절 남은음식 안주와 함께
면역력에 좋다는 핑계 막걸리
술상을 앞에 두고
남자는 벌컥벌컥
술 마시기 위해 대화를 청하고
여자는 찔끔찔끔
대화 하기 위해 술을 마신다
네 명의 손주들 이야기에
복이 많다며 웃음꽃을 피운다
한놈 한놈 개성을 들춰보며
미래를 점쳐보다가
문뜩 부부의 과거사
성장통 이력이 튀어 나오기도 하고
서로 늙어 가는 허무함에
측은지심의 위로와 격려의 응원
우리곁을 떠난 복실이와 또복이 이야기에
눈시울 붉히기도 한다
음악을 찾아드는
취중 음악 한곡은 힐링이 된다
하루 종일 묵언 수행 끝에

막걸리가 전해주는 만추의 황혼주
축제같은 풍성한 인생 이야기

울고 싶은데

가을바람이다
휘익 내 몸을 강하게 스치고 지나간다
할 말이라도 있는 듯
나는 가을바람 앞에 약하다

가을밤, 나 홀로
오징어채를 질겅질겅 씹는다
남편이 먹다 남은 막걸리 맑은 윗물
짜릿하다

술기운일까
우울감에 눈물이 난다
이 눈물 무슨 뜻일까
생각이 꼬리를 잇는다

실컷 울려고 부모님 산소를 찾았었지
엄마 엄마 부르며 아이처럼 울고 싶었는데
갑자기 무섭더라 이런
정신없이 산에서 내려왔어

이 좋은 시절에
엄마가 울지 말라고 무섭게 했나봐
차라리 신나게 살아가라고

갈맷빛 향기

가을을 불러내어
커피 한잔
단풍잎 띄워 마신다

바람으로 떠오르는
미소 한 자락
푸른 하늘로 하염없이
여울져 가면

창문 넘어 그리움
찻잔 속에 잔물결 이루고

한 모금 마다 전해지는
갈맷빛 향기
그대 향기

가을을 보내며

이별을 고하는 그의 뒷모습
내 마음 숨길 수 없어
속울음 삼키며
커피를 마십니다

진한 향기 속으로
젖어드는 가을비
커피잔 속에 문득 추억의 한방울이
떨어집니다

넓은 창가에 서면
가슴 아리게 파고드는 바람소리
안개속으로 매몰되는
기억의 파편들

커피잔에 담아
이 가을을
그대와 함께 마시고 싶습니다

또복이

또복이와 팔베개 하고 누웠다
어쩜 복실이 똑 닮은
하품 하는 거 눈 감은거 감탄한다
1년 전 마지막 복실이 떠나던 날
이렇게 누워
편히 가라고 속삭였지
그 모습 떠올라 먹먹해진다
핏줄 하나 남기고
가버린 그녀를 온전히 보내지 못하고
닮은 자식 품에 안으며 그리워한다
너는
건강 하게 오래 살아라
정 이란 무엇인가
너와 나 부대끼며 쌓이고 쌓인 교감
참 따뜻하고 안타까운 것

치유

옥상에서 보이는
우아한 코발트 하늘
겨울 속에 청명한 가을색이
내려다보고 있다
옆집 빨래들은
풍욕을 하는지 마냥 몸 흔들고
나는 구겨진 세포 하나하나
바람에 가다듬으며
젖은 마음을 고운 햇빛에 말린다

여러 날 어지럽고
이명증에 시달린 후
이상이 없다는 의사의 검사 소견
재발된 마음의 병 이란다

힘 들 땐 하늘을 보라
오염된 아픈 숨 은 바람에 날리자
어둠을 헤치고 밝아오는
이명 아닌 여명을 보며
길고 긴 호흡으로 마음을 들여다보자

가을 중독

무사히 보내는 줄 알았어
별스런 느낌이 없다 했지
가을인가 했더니
그가 떠나가고 있었어

피부과 독한 약 때문일까
별안간 가슴이 뛰고 기운이 없어
무엇으로도 충족이 되지 않아
외롭고 인생이 부질없단 생각뿐

왜 그럴까
일조량 부족, 호르몬의 변화
그렇다고 치자
가을남자들은
음의 기운이 넘치는 계절에
허황된 로맨스를 꿈꾼다지 아마
그 로맨스 누구나 숨기고 있을걸

알러지 약이 독하긴 독해
울고 싶은데 뺨 맞은 격일까
결국

이 늦가을도
우울해야 된다는 무언의 압박에
시달리며 보낼 줄이야

11월 끝자락

그가 왔다
산천에 오색불 밝히고
만추의 홍엽을 만들었다
까칠한 바람으로
낙엽들을 방황 속으로 내 몰리고
으스스 대나무가 울음을 토한다
버릴건 버리고
잊을건 잊어야 한다며
서둘러 가을을 밀어내는
가을도 겨울도 아닌 늦은 저녁
앙상한 가지에
겨우 매달려 흔들리는 잎새들
눈물을 감추며
떠나는 그의 뒷모습
낡은 옷 하나씩 벗어 던지자
지구 한 모퉁이가 허전하다

장령산의 가을

코로나로 인해 몇 년 만의 원앙회 모임
마지막 부부모임이
언제였는지 되짚어 보면서
국화차와 커피를 마시며 걸었다
수채화 같은 장령산의 만추를
숲 해설가의 해박한 소개로
장령산의 속살을 자세히 들여다보았다
잘 익은 가을의 기운도 흠뻑 마셨다
꽃보다 다정한 단풍을 눈으로 담으며
이름 모를 새소리 계곡 물소리와 함께
우리 일행도 가을 풍경에 합류하였고
코로나로 놓친 세월을 조금씩 메꾸었다
수많은 알록달록 산객을 품은 산
아쉬움에 자꾸만 뒤돌아보는데
잘 가라고 손 흔들어 준다
힘차게 살다 다시 오라고…

잔인한 계절

산마다 불꽃이 타오른다
강물에 빠져버린 저 산도
붉게 흔들리며 타고 있다
내 안에 웅크려 있던 수많은 갈등마저
빨갛게 노랗게 번지고 있다
허름한 주름 사이로
빈틈 찾아
여지없이 찾아오는 가을 지병
얼마나 더 아파야 온전할 수 있을까
갈 곳 잃은 낙엽 닮았다
어디로 향해야 할지
바람부는 그 강기슭엔
무엇이 기다리고 있을까
고문같은 이 쓸쓸함은 또 어디서 오는걸까
늦가을
무사히 보내야 할텐데
황홀했던 기억과
흔들리며
방황하는 것들을 위하여

서글픈 계절

곱디고운 하늘 빛
어김없이 가을은 찾아오는데
창살 없는 감옥인가
불안한 공포의 코로나19
서로를 믿지 못해 질식 할 것 같은
뭉치면 죽고 흩어지면 산다며
불신만 전해준다
자연을 훼손하고 조작한 형벌인가
인간의 오만함 깨닫게 함이런가
평범함이 그저 축복이던
무탈한 생활
그 시절로 돌아가고파
미움조차 그립게하는 이 가을
소소한 일상이 그립다
우한에서 도둑처럼 숨어온
저 사악한 바이러스
떠나라
제발 사라지거라
지나간 시간
다시 못 올 저 망각의 시간 속으로

조용한 이별

새벽 꿈속
돛단배 타고 육지에 내릴 때
너만 내리지 않고 홀로 떠내려가더라
불길한 예감
꿈 때문일까
하루 종일 너의 생각 뿐
너를 처음 만나던 날
복실복실한 감촉, 맑은 눈동자
너에게 홀딱 반했지
14년 한결같은 행복한 동거
조그만 존재로
집안에 온기를 불에 주었던 너가
오늘은 힘없는 눈빛으로 나만 쫒아다녀
안고 어르며 계속 노래를 부르고 속삭였지
복실아! 힘들면 눈감고 그냥 자
투정 한번 안하고 어쩜 그래
마음을 읽었을까
얼마 후
바라보던 눈빛이 흐려지고
깊은 숨 세 번 끝으로
고요히 무지개다리를 건너갔다

아~ 복실아 슬프다
가슴이 너무 아파
뜨거운 눈물로 너를 보낸다
부디 잘 가거라

가을 장미

홀로 걷는 산책 길
장미꽃이 긴 담장 따라 앉아있다
화려했던 시절 뒤로
높고 푸른 하늘 배경 삼아
듬성듬성 무심한 침묵
누구를 기다리는 걸까
한 여름 절정의 기억 너머
향기가 날 듯
마주 하는 얼굴
그가 눈빛으로 말한다
너는 지금
충분히 행복하냐고

가을비

이별을 고하는 그의 뒷모습
내 마음 숨길 수 없어
속울음 삼키며
커피를 마십니다

진한 향기 속으로
젖어드는 가을비
커피잔 속에 문득
추억 한방울이 떨어집니다

창가에 서면
가슴 아리게 파고드는 바람소리
매몰되는 기억의 붉은 파편들

이 가을을
커피잔에 담아
그대와 함께 마시고 싶습니다

가을을 밟다

여행 친구들과 함께하는 길
산새들의 노래
매혹적 가을 향기
함께 걷는 찬연한 단풍나무가
오색 등불 밝히고 우리를 반긴다
우리는 산처녀가 되어
단풍잎 하나에도 깔깔깔
웃음이 떠나지 않고 젊어지고 있었다
마음은 아직 청춘인 것을
한여름 푸르름으로 무성했던 나무들
움켜졌던 손을 활짝 편다
꽃보다 예쁜 잎새들
바람에 일렁이면 미련없이
하나 둘 털어내 이별 하고
지구 한 모퉁이를 비우고 있었다

맹장 수술

홀인원한 날
삼겹살 먹었네
아랫배가 콕콕
소화제도 안 돼 허리를 펼 수 없었지
을지의원 소견서 들고 대학병원 응급실
CT 촬영 결과 급성 충수염
내 안의 장기 하나 없어졌다
흔한 일이라지만 내겐 혹독했지
구토와 온몸에 두드러기 피부발진 부작용
의사의 지시로 항생제 끊은 후
겨우 정상인으로 돌아왔네
평범한 일상이 기적이고 축복임을
고통일 때야 다시 알게 되다니
그럭저럭 걸어온 소소한 일상이
당연한줄 알았었지
소중한 하루를 다짐 하였네
미소 잃지 말기, 불평하지 않기
매일 감사한 것 찾아내기
새벽 운동 후 돌아오는 길
바람의 냄새가 달라져 있었네

제3부

꼬리를 무는 밤

여름밤의 상념

가로등도 졸고 있는 축시, 한 밤중
적막한 창문 밖
어둠은 모든 걸 감추려한다
고독함도 더러움도
아름다운 것도 추한 것도
술꾼들의 추태도 관능의 손짓도
너그럽게 수용한다
밤의 시간은
환희와 때론 고통이기도 하다
소슬한 바람이 마음을 흔들고
풀벌레도 지쳐 흐느끼는
머릿속 그림들이 꼬리를 무는 깊은 밤
커피를 탓하기 전에
나는 차라리
떠오르는 해님과 눈이 마주치면
별처럼 활짝 피어나는 수련처럼
저 천진한 새벽달님과
에티오피아 커피에 관한 역사와
칼디의 전설을 이야기 하며
새 날을 맞으리

한여름의 꿈

무던히도 더운 날
감나무 꼭대기 매미 한 마리
허공에서 목을 다듬고 있다
긴 잠 깨어나
어둠을 이기고
고독을 견디며 갈고 닦은 목청을 높인다
저들은 살기위해 부르는 노래일까
죽음이 두려워 터트리는 울음일까
소나기 멈추자
흰 구름 하늘 높이 맴돌고
서늘한 바람
빈 가슴 훑고 지나가면
가을향기 스며드는 자리
애잔한 마지막 한 소절이
작은 씨앗처럼 남아 있다

불청객

그가 비켜 가길 바랬다
하지만
상품에 당첨 되듯
척 하고 내게로 왔다
악명 높은 그는
선한 얼굴을 하고
심장과 목에 겁을 주었다
높은 곳에선 나의 일투족을 감시 하고
그와의 관계를 주시 하였다
나는 두려움에 웅크린 채
철창 없는 오미크론 감옥살이가 시작 되었다
지피지기면 백전백승
그래, 결심했어
잘 먹고 잘 자고 사귀자고 꼬드겼지
결국 그는
품격있는 교태와 아양에
아예 녹아들었고
투항의 흔적만 남기고
이별의 말도 없이
안개처럼 사라지고 말았다

곤궁한 운명

수상스런 명지바람이
어느 날
꽃씨 하나 몰래
출입문 옆 보도블록 틈새에
살짝 내려놓았다
숨쉬기도 버거운 빈곤한 집에서
힘든 산통을 견디고 태어난
영양실조로 등 굽은 서광꽃 한 송이
부잣집에 태어났으면
영양 듬뿍 큰사랑 받을텐데
홀로 부실하게 자랐네
무정한 세월
위태로운 조건에서도
안간힘으로 빚어내는 미소
구원의 손길도 닿지 않아
질기게 버티는 생명의 열정
하찮게 태어난 것도
자연의 뜻이 있었노라고
인간의 곁에서 곁방살이 하는
너는 참 아름답구나

닭발에 기대어

새처럼 날고 싶지만
무거워 날지 못하는 몸뚱아리
부드럽게 안아 주는
거친 숨소리까지 품어주는 수영장
몸에 힘 빼고 팔꿈치를 안으로 꺾어
물을 끌어당겨 가슴 앞에서 강하게 밀어주면
물찬 인어가 되고
살짝 띄운 엉덩이 두 팔을 앞에서 모아
뒤로 밀고 두발로 힘찬 발차기는 돌고래가 된다
날으는 저 새도 부럽지 않은
유영의 몸짓
어쩌나
물개가 친구하자 하겠네
앞서가는 저 사람 오리발 신었구나
닭발 먹고 오리발 내민다지만
나는 오리발 대신
짧은 닭발을 신고 수영장을 누빈다

거울 앞에서

곱슬퍼머를 했다
수십 년 망설임의 파격
저기 낯설은 듯
익숙한 여인이 웃고 있다

엄마를 닮은 여자
긴 시간 여행의 기억을 더듬어 보았다
세월 되돌려 보니
눈가에 연민의 웃음꽃이 이슬로 맺힌다

종종 거리고 달려온
애환이 묻어있는 추억들
흐릿한 눈망울 언저리에서 맴돈다
활짝 피었던
나의 꽃이 지고 있었다

속없이 정직한 거울
내 얼굴에 책임 질 수 있는
향기를 품자
엄마가 지켜보고 있다

비보라

앞산 너머 구름이 달려와
태양을 가렸다
햇살이 놀던 대지에 그늘이 진다
바람의 냄새가 달라지더니
돌연히 낯선 비바람을 몰고 와
괴음을 마구마구 토해낸다
기다리던 손님 치곤 참으로 사납다
무슨 설움이 저리도 많아
통곡을 하는 것일까
슬픔은 슬픔으로 풀어내야 하듯이
저 깊숙이 숨겨 두었던
내 슬픔도 꺼내어 함께 울고 싶다
뜨거운 눈물로
너의 서러운 마음 씻어 주고 싶다

열대야

날개마저 부르르 떨고
그 정렬의 힘을 어쩌지 못해
뜨겁고 화끈하던 밤
열기조차 막아내지 못해
몸과 맘을 애태우더니
당당하던 모습은
인사도 없이 떠났는가
풀벌레 목메게 울던 밤
서늘한 바람이 창문을 급습하고
가슴 한 구석 차오르는 냉기
서럽게 이불을 당기는데
불현듯
진득진득 뜨겁던 그 밤이 그리워진다
변하는 게 인간의 속성
짧은 기억을 비우기까지
얼마나 걸릴까

낮달

심정 사나운 날
우연히 바라본 하늘에
달 항아리 둥실 떠있다
멍 하니 바라보는
저 하얀 덩어리
새삼 경외스럽고 위안이 된다
저 속에 어떤 기운이 숨어 있길래
내게 다가와
어둡던 가슴이 환해 지는걸까
기이한 어떤 힘의 눈길에
따스한 평화
고요한 사색
나도 누군가에게
그리운 달빛이 되고 싶다

소낙비

연일 폭염에 지친 날
먼지를 일으키며 달려온 빗줄기
창문의 건반을 거칠게 두들긴다
천둥 번개의 화음
강력한 난타의 음계를 듣는다
뜨겁던 대지의 열기 식혀주고
헝클어진 내 머릿속을 더듬는다
갈증이 조금씩 해소 되는
격렬했던 시간을 보내고
얼룩을 남기고 지나간 자리
나도 한때 격정의 시기가 있었지
누구나 겪는 질풍노도의 시간들을
안으로 안으로 삭히었지
채워지지 않던 내 안의 목마름
서늘하게 정신이 흠뻑 적실 때까지
나도 저 거친 비처럼 쏟아지고 싶었지

늙는다는 것 · 1

말없이 견디는 것
끝없이 적응 하는 것
마지막을 향해 설어가는 것
풀잎에
맺힌 이슬처럼
유한의 언어인가
어느 상념의
무한으로 향한 걸음인가
외딴섬으로 달리게 하는
음 양의 날개
그 침묵의 실루엣

몸살

갑자기 찾아온 불청객
눈물 콧물 밤새 크리닉스 한통을 다 썼다
내 몸 어디에서 나오는지 신기하다
독한 약기운은
공중부양이라도 하는 것일까
몸이 붕 떠있다
청춘시절 불투명한 미래 앞에
마음의 몸살이 찾아 왔었지
뜨거웠다 추웠다 밝았다가 어두운
오한이 찾아와도 약도 없이 견뎌야 했던 몸살이란
과부하에서 오는 거라면
나는 너와 화해를 하고 싶다
내 손 잡아주오
적당히 거리를 두기
너와 그럭저럭 살아가기
내가 나를 많이 사랑해야하는 것에 대하여

길

잿빛 하늘 끝으로
무작정 달려가는 먹구름
쉴새 없이 울어대는 거친 바람
늦가을 낙엽들의 뒹구는 소리

어디서 날아와
어디로 가는 걸까
고단한 날개 펄럭이며
사력을 다하는 기러기떼

방향 감각도 잃지 않고
지평선 끝으로 끝으로
수평선 넘어, 전진 또 전진

저들을 왜
저토록 힘든 고행을 택했을까

수신 부재

라일락 꽃 향기
머리끝까지 진동하던 날
우연히 발견한 아버지의 전화번호
나도 모르게 발신을 했다
― 제발 받지마라
수첩 속에 희미하게 누워있는
지울 수 없는 숫자
세 번 울리자 재빨리 정지를 눌렀다
확인이 두려운 낯선 목소리
전화기도 못 챙기고
돌아올 수 없는
먼 여행을 떠나신 후
연락을 끊으신 당신
매일 벼루에 먹을 갈으시고
안으로 밖으로 먹물로 채우시던
어쩌면 속이 새까맣게 물들었을
마지막 문턱을 넘는 순간 까지도
수많은 검은 조각 홀로 품으시고
미지의 세계를 꿈꾸시더니
지금은 닿을 수 없는 세상에서
어떤 꿈을 꾸시는지요

잔잔한 바다같은 목소리
— 어이쿠 우리 둘째 딸이구나
전선을 다고 흐르는
물소리 같은 그리움
늦은 봄비가 올 듯 말 듯
수상한날에
서랍 속에서 침묵하는 아버지의 음성·

기억의 초상

먼 길 달려온 초가을 햇살이 살포시 다가와
어깨에 손을 얹는 한낮
할머니와 손녀가 그림을 그리고 있다
장미와 해바라기 작은 제비꽃 그리고
나팔꽃이 휘감은 꽃밭을 그리던
꼬마화가 손녀가 묻는다
-돌잡이 때 저는요
 명주실을 잡았구요 오빠는 사과를 잡았대요
-근데요 우리엄마는 무얼 잡았어요?
어? 그러니까~ 음
생각이 엇갈린다
돌아보면
나 어릴 적 외할머니 치맛자락 붙잡고 어리광 부리며
놀았던 사연들이 불쑥 나타났다 사라진다
하얗게 부서지는 희미한 기억들이
길을 잃고 낯선 곳을 헤맨다
찾으려 할수록 커지는 색 바랜 그리움들
유난히 그림 그리기를 좋아하고 호기심이 산만큼이나
큰 여린 손길을 따라
게으른 오후가
낮달처럼 느리게 느리게 길을 더듬고 있다

내 고향 지금은

다정하고 후덕한 아미산 아래
아기자기 초가마을 인심도 좋았지
정직한 마음으로 부대끼며
막걸리를 나누던 이웃사촌
밤이 되면 부엉부엉 부엉이 소리
두내가 합쳐진 두내받이
용이 승천 했다는 용바위
깊은 물속 무서운 줄 모르고
담력을 키우며 미역을 감았고
힘자랑 싸움자랑 키 재기도 했었지
세월을 휘어감고 새롭게 달라진
굽이굽이 변해버린 내 고향
아미산 바라보며 꿈을 키웠던
저마다의 비밀이 서려 있는 곳
첫사랑 설레던 수줍던 시절
철없던 그 시절 그리워라
꿈속에는 그 옛날로 돌아갑니다

가원이

네가 내 곁에 가까이
오고 있다는 걸
눈을 감고도 알수 있었지

왜냐면

가슴이 어찌 알고
꽃 같은 훈풍이
내 안에 마구 불어 오거든

네가 웃으니
내 심장에
빛이 들어왔어

너는 아니

너를 안으면
꽃향기가 흐르고
달콤한 호르몬에 풍덩

너는 나의
행복 바이러스.

공짜는 없다

수많은 열매와 곡식이
맨 몸으로 비바람과 뜨거운 햇빛을
견뎌야 성장 하는 것
수고 없이 결실을 바라는 것은
공짜라는 왜곡에 빠지기 때문인 걸
양잿물도 공짜라면 마신다 했다지
해지는 해넘이 저녁에
아름다운 노을을 감상하는 것도
공짜는 아니다
지구가 제 홀로 한 바퀴씩
아프게 아프게 돌아야만 생기는 일
무료라는 착각 속에 사는 지구인
그리고
공짜로 잃는 것도 없다
잃었다고 착각하는 몸짓만 있을 뿐

제4부

무심한 바람

겨울비

12월 첫날, 비가 내린다
젖어 드는 귀퉁이 창문 앞
한잔의 아메리카노에
쓸쓸함이
끈적이는 노래처럼 스며든다
너로 인해
차갑게 식어가는
곧 말라버릴 이름
표류하던 추억의 조각들이
식어있는 찻잔에 달라붙는다

어느 듯
마지막 남은 달력 한 장
다양한 동그라미의 기억들이
조금씩 저무는 시간
말없이 달려왔던 너를
쌓인 가슴에서 흘려보내리
흐르던 눈물 얼어붙으면
차곡차곡 그리웠던 너도 어쩌면
다 잊혀지리라

첫 발자국

밤새 쌓인 하얀 눈
오염된 세상을 덮으려는가
겨울여왕이 마법이라도 걸었을까
깨끗하고 순수한 결정체
새벽녘 체육관 가는 길
아무도 걷지 않은 길
철없이 설렌다
5분 거리가 행복하다
순수했던 추억의 감성들이
순간 시계를 돌려놓는다
그때는 그랬지
사랑하는 것보다
더 아름다운 것은 없다고
살아오면서 별별 일이 다 있는 법
돌아오는 길
뚜렷했던 내 발자국
지워지고 밟혀지고
내 인생의 역사도 이같이 흐려지는 걸

부자가 되다

반항기 시절
아빠가 불러 말씀 하셨지
— 애야 넌 특별한 부자야
가진 게 아주 많네
할아버지 할머니 아빠 엄마 그리고
오빠 언니 여동생 남동생
어쩜
둘도 아닌 한사람씩 나를 사랑하고 있었다
가난하다고 불평하는 딸
얼러 주시던 아버지
높은 파도에 부딪혀 힘들어 할 때
너는 부자라고
내 깊은 곳으로 전해지던 숨결은
내 삶의 에너지가 되었지
지금은
남편, 딸, 아들
사위 며느리 외손주 친손주
엄청난 부자가 되었네
잊을 수 없는 작은 울림이
아련한 음성으로 다가와
내 안에서
향기로운 봄 바다처럼 일렁인다

일흔 즈음 그 사람

젊어 한때 암울 했던 시절
세상을 바꿀 수도 있다는
혁명적 꿈과 희망으로 부풀어
뜻으로 뭉치면 안될 건 없다 했었지

그 시절엔 그랬지
컴퓨터는 없었고
머리에 백과사전 차곡차곡 쌓였지

생의 높은 곳
점점
자연의 섭리를 깨달아 가지만
지금의 신세대
핸드폰 안에 우주가 들어있다
모든 걸 꺼내 쓰는데

백과사전은 거추장스러울
저들에게
세상의 이치를
아무리 외쳐도 소통 되지 않는다

이젠
변화가 두려운
가슴속 설움도 버리고
안으로 밖으로 몸도 마음도
안주하고 싶은 기성세대

그들은
무엇을 위하여 숨차게 달려 왔을까

무기력

요즘 며칠 이유없는 탈진이다
아니
조급하고 울적하다
피로가 밀려오고 두통으로 흔들린다
들숨 날숨도 걸음이 무겁다

사춘기도 갱년기도 아닌
어린 아이처럼 투정하고 싶다
무심코 책상위의 어느 의사의 무기력 대처법과
극복 방법에 대한 책을 펼쳐든다
잠시 피로를 쫓아내고 싶다

머리속의 생각과
마음의 언어가 겹친다
일곱살의 외손주 가원이가 온단다
하얀 찔레꽃같은 아이
왠지 모를 위안을 얻는다

일체유심조
내 안을 다독이고 나 자신부터 사랑하자
이 좋은 봄날의 끝자락에 서서

크게 웃어 보자

그리고
나에게 마법을 걸자
- 아 오늘도 행복한 하루야 -

모순

버스 안
시니어 민턴 전국대회 대구 가는 길
기사의 배려이련가
흘러간 뽕짝이 귀청을 때린다
ㅡ "꺼주던지 볼륨 낮춰 주세요"
무표정 기사
잠시 조용한 듯하더니
더 큰 음악 소리 머리가 어지럽다
한편 짜증이 밀려오고
불평을 말하면서
발은 연신 아는 박자를 헤아리고 있다
소리 없는 창과 방패 같은
머리끝과 발끝의 불일치한
묘한 부조화

안전 사고

기어이 일을 내고 말았다
구급차 신세를 지며 응급처치에
구겨진 자존심
운동 많이하는 일요일
야심찬 하루를 연다
어쩌다 네 번째 시합 중에
무릎 꿇고 야무지게 고꾸라졌다
하늘에서 별똥이 떨어지더니
가슴에 대못으로 박혔다
깁스를 하고 약을 먹어도 통증은
내 품을 파고든다
눈물이 났다
뛸 수도 걸을 수도 없는 신세
어떤 이가 말했던가
기적이란
하늘을 나는 것도
바다를 걷는 것도 아닌
내 발로 이 땅을 걸어 다니는 것
평범한 일상이 기적인 것을

나이테 · 2

그의 전화, 우한 폐렴 땜에
몸과 맘이 삭막 하다고
길을 잃고 헤매는 수상한 인심
맞장구치는 불안한 언어들
두려움 견디며 맘은 단단히 붙잡자 했다
흰머리 속에 감춰진 시간
중력을 이기지 못해 허물어지는 피부
스무 살쯤엔 맑은 숨이 깃든 푸른산 같았지
셈법도 빠르고
바람에 구르는 낙엽에도 크게 웃었고
첫 눈이 내리면
거침없는 환호성을 보냈었지
무심한 바람에 건조해진 영과 육
인생의 나이테를 촘촘히 채우자
우주 질서에 나를 맡기고
내 안을 들여다보자
자연이 주는 에너지
내면의 아름다움으로 스며들도록

관계

예쁘지도 않은 여자를 바라보며
생글 거리는 잘 생긴 남자
무섭게 생긴 남자를 보며
매끈하게 치장한 여자가
아주 흐뭇한 듯 웃고 있다
살다보면
무질서와 질서 속에 존재하는 향기
인류 공동체 안에서
사랑이란 이름으로 만들어지는
부조화 속의 조화로움
설명할 수 없는
미묘한 사랑의 전주곡

막내이모

친정아버지 기일에 맞춰
우리 자매
산소에서 방향이 같은 이모집을 찾았다
외할머니와 엄마의 합체된 천사가 웃고 있었다

거친 풍랑 견디시고 잔잔한 바다같은 93세의 모습
어이구 울애기들 왔어?
늙어가는 우리는 애기가 된다
화기 넘치는 옛날이야기 나누며
천국에 계신 분들 다 만나고 왔다

험한 파도를 어쩌다 견디시고
무사히 헤엄치시어 걸어오신 지혜
요즘의 행복한 신앙생활 이야기를 엿듣는다

이모는 또 다른 엄마라지
엄마랑 똑 닮은
눈이 크고 서글서글하신
엄마가 보고프면 이모를 보면 될 일
이모안에 있는 엄마

다시 만남을 약속하고
돌아오는 길
훈풍이 후끈 온몸을 감싼다

아버지의 기억

생애 첫 기억은 아버지의 방인 것 같다
방 한쪽 책상위에 벼루와 종이와 붓
늘 무언가를 쓰셨고 항상 책을 읽으시던
그 기억이 평생 아버지의 모습이었다
어쩌다 아버지의 등 뒤에서 잠들었던 포근함과
펌프질 우물가에서 동생과 나를 씻기셨던
기억도 어렴풋이 난다
아버지는 산이었다
그리고 해결사였다
5남매의 판정관이셨다
일평생 한 여자의 존경과 사랑을 받는
지아비셨다
엄마는 아버지 같은 분은 세상에 없다 하셨다
두 분이 떠나신지 10년도 넘게 지났지만
생각만 해도 눈물이 난다
인터넷 세상에서 아버지를 만났다
어느 기자께서 아버지를 인터뷰 하고
아버지의 작품세계를 소개 했다
수려한 작품 앞에서 울컥한다
좋으시던 풍채는 어디에 감추셨을까
자식들한테 빼앗기셨는지도 모른다

그 어깨위의 얹혀진 짐들의 무게와
등 뒤에 그늘진 그림자를 나는 왜
보지 못했을까
호탕한 웃음 뒤의 헛헛함을 왜 인지를 못했을까 그래도
아버지
그 호탕한 웃음소리 한번 듣고 싶습니다
그리고 진짜진짜 보고 싶습니다 사랑합니다 아버지

흔적

병원의 한 모퉁이
불편한 걸음으로
서로 챙겨주는 두 노인
아픈 육신 다독이며 서로 위로 하고 있다
많은 사연과 함께 걸어온
주름 가득 농익은 삶
사는 동안
얼마나 많은 사랑을 했을까
이혼은 몇 번이나 생각 했을까
고뇌와 번민은 어떻게 견뎠을까
이길 수 없는 저 세월
아무리 발버둥 쳐도 거부할 수 없는
정직한 시간 앞에
삶의 질곡을 후회도 했으리
걸어온 길 돌아보니 해는 기울고
결국은
늙어감을 순응 했으리라

아버지의 안식

성모병원 호스피스 병동
긴 복도를 지나면 겨울낙엽 닮은 아버지가 누워 계셨다
어쩌다 몹쓸 적군에 포위되어 대항도 못하시고
힘없이 견디시던 외롭고 쓸쓸한 순한양의 모습
고통과 두려움 앞에 담담히 묵상하시던 아기 같던 85세
아버지
- 나는 살 만큼 살았다
후회는 없구나
너희들이 고생이다
더 이상 치료는 하지말자
저 세상에 평화가 있다는 평소의 말씀대로 종래 당신의
식어가는 등불을 서두르듯 밀어 내셨다
"살아있는 신령"이란 별칭도 무색하게 많던 꿈 접으시고
조용히 먼 여행을 떠나가셨다
창문밖에 흰눈이 내리는 날
거실벽에 걸려있는 당신이 그려주신 설경을 보니 웃으
며 부르실 것 같아
나는 여전히 전화번호를 지울 수가 없습니다
그림속 잔잔히 깃든 숨결은 영원한 그리움입니다

반월

졸고 있는 별들을
달빛이 지키고 있다
온통 희미한 빛으로
주변을 맴돌고 있다
구름 한 점 없는
겨울 새벽
초침은 우주의 시간표 따라 달리고
바람은 가시처럼 따갑다
저 울타리 안에
누가 있을까
굽어보는 반쪽의 달
나는
된바람 앞에 홀로 서서
무엇을 생각하는 걸까

남대문 시장

재방송을 보았네
극한직업에 관한 이야기였네
눈발이 살금살금 내리는 날
상인들과 손님들과의 흥정이 흥겨웠네
옷가게 모녀 이야기
그릇가게의 노련한 사장님
노점상의 호떡과 오뎅의 인기
골목식당의 닭볶음 배달 아저씨는
눈길에 넘어져도 웃고 있었네
어느 젊은이의 커피 배달의 노하우
수많은 이야기를 담은 시장
시간이 돈이 되고 친절이 재산이 되어
부자가 된 사람도 많았네
웃고 떠들며 바쁘게 얻어지는 에너지가
삶의 활력소가 되었고
사람다운 냄새가 폴폴 났었네
그들의 치열한 삶의 터전 앞에서
나는 숙연 해졌네
내게 되물었지
지금까지 열심히 살았다고 말 할 수가 있을까
살짝 눈시울이 뜨거워진 것은
눈에 티끌 때문은 아니었네

꿈꾸는 여행

자매의 마음이 하나로 뭉쳤다
시름의 먼지를 털어 내자고
1박 여행
양쪽집 문단속 단단히 이르고
떠나는 발걸음 가볍다
서해안 따라 가는 길
콧노래 웃음소리가 앞장을 선다
절경 만나는 바닷가 카페에서
차 한 잔 계획은
코로나를 피해 휴업중이다
변산 마실길도 한산하긴 마찬가지
그 많던 사람들은 다 어디로 갔을까
어둑한 바닷가 한구석
어느 여행객들의 불꽃놀이만이 유일한 여유를 보인다
설레던 만큼 실망이련가
1박을 포기하자는 동생의 말에
우한 불청객이 사라지면 다시오마
꿈으로 저축 해놓고
자매는 따뜻한 정만 가득 채워
집으로 돌아오는 길
반짝이는 별들이 호위를 하고

달빛이 길을 안내한다
돌아온 집 자정, 12시

대마도에서 얻은 이름

세 명의 교사 부부
6명이서 혼연일체 되어 2박3일
일본 섬에 갔다
생각을 되돌아보고 점검하기 위해
일본인들의 곳곳을 꼼꼼하게 엿보았다
일행 중 유쾌한 선생님이 농담을 제안
낯선 이곳에선 일시적으로
서로 교장이라 부르자 했다
부인들 셋은 졸지에 장모님이 되었지
교사는 사모님
교감은 감모님
교장은 장모님이라 누가 말했던가
조선의 흔적이 곳곳에 묻어있고
조선의 산역사가 숨어 있는 곳
그곳은 그 옛날 조선땅이었음을
그들은 외치고 있었다
국사, 수학, 화학 전공의 옛 교사들은
본인들 분야의 상식을 펼치며
장모님들에게 향긋한 감동을 주었지
흐뭇했던 애칭으로
신이난 3일의 여행

그때로 돌아가고 싶다
그리고 보고 싶다
그날의 장모님들 요즘 안녕하신지.

아버지와 단전호흡

들숨 날숨은 살아있는 증거
가부좌를 틀고 명상을 하시던 아버지
어린 눈으로 바라볼 때 참 이상했다
어느 날
화가 잔뜩 난 날 달래시며
심호흡을 가르쳐 주셨다
들숨은 배를 빵빵하게 코로 들이 마시고
날숨은 천천히 윗배에서 단전까지
숨을 느끼며 천천히 내뱉어라
열 번만 해도 화가 조금씩 가라앉는다
능숙해지면
우주 생성의 첫 소리를
뇌에서 느끼도록 해보라 하셨다
아직도 그 의미를 잘 모르지만
비바람과 부딪히며 살다보니
심호흡 하는 일이 자주 생긴다
긴장되거나 화나고 감정이 격해지면
유년시절로 돌아간다
단전에 힘을 주고
복식호흡에 집중 하다보면
가슴 깊은 곳에서
따뜻한 나의 도인을 만난다

늙는다는 것 · 2

늙는다는 것은
몸의 일부가 말을 걸어오는 것
모든 기능이
조금씩 소진 하는 것
자연스럽게 찾아오는
고통과 쇠락이 따르는 것

하지만
삶의 연륜에서 지혜가 생기는 것

자유로운 늙음이란
세상을 이해하며 용서 하고
진리에 순응해야 하며
과거에 연연하지 말고
즐겁게 세월을 맞이해야 하는 것임을

해마중

저무는 한 해가 아쉬워
석별의 음절이 흐느끼고 있었네
발 빠른 시간 열차는
점점 빨라져
고속으로 질주 하였네
한 해 동안
얻은 것은 무엇이고
잃은 것은 무엇일까
계산기를 두들겨 보았네
누군가 옛다 던져주는
나이 하나를
얼떨결에 덥석 받아 들었지
나잇값을 하라는군
세월의 강 앞에서
나는 두리번거렸네
새롭게 건너야 할 저 시간들
사랑의 햇살로 충만하기를
나도 모르게
고개를 숙이고 두 손을 모았네

기도

아침에 눈을 뜨면
살아 있음에 감사하며
좋은 생각으로 하루를 시작 하지만

살면서 만나고 부딪히는 일 중에
시험에 들지 않기를
악에서 헤어나기를
가슴에 손을 모은다

아침 한때 영롱한 이슬은
해가 뜨면 점점 사라지듯
인생도 때가 되면 저무는 것을

하늘이시여

덧없는 인생
사람 때문에 눈물짓지 않게 하시고
티끌 같은 생의 마디마디
다양한 삶의 과정을 아름답게
사랑으로 지켜 주소서

| 작품해설 |

오감을 느끼게 하는
신박한 생활의 집합체, 그것

송은애
(시인)

사람이 살면서 느끼는 오감은 여러 방면에서 나타난다. 일차적으로 달고, 시고, 쓰고, 짜며 매운맛이 있다.
이차적으로는 눈으로 보고, 코로 냄새를 맡으며, 입으로 맛보고, 귀로 들으며 느낀 다음 머릿속으로 정리한다. 맛을 느끼는 기준이 대략 이렇다면 송춘용 시인의 오감은 대체로 신박하다.

시인의 글을 읽다보면
어디선가 인간이 풍기는 가장 기본적인 비릿한 땀내음의 짠맛과 닮아있고
아버지를 그리워하며 내뱉는 묵향의 그윽한 맛은 쌉사름한 추억을 자극하며
하모니카를 연주하며 동심을 자극하는 아련한 맛은 새콤한 신맛으로 다가선다.

붓질로 터치하는 신선하고도 오묘한 맛은 달콤함 단맛으로 나타나고
　그리고 생활에서 전해오는 시원하면서도 오열할 수 있는 맛은 매운맛으로 대비된다.
　이렇게 시인에게선 오감을 자극하는 다섯 가지 향내와 인간냄새 풀풀 나는 맛이 난다.

　글에서 풍겨오는 땀 흘리며 운동에 전념하고 그 승부욕에 빛나는 비릿한 땀 내음이 절절하게 표현되고 있다. 시인은 생활체육의 꽃 배드민턴 게임을 선수로 뛸 만큼 베테랑이다. 셔틀콕을 자유자재로 다루며 상대를 무너뜨리고 나아가 파크골프에서도 홀인원을 하는 등 즐겁게 땀 내음에 절어 있다.

　　하현달이 창문을 노크하는
　　하얀 새벽녘
　　전기담요에 파묻혀
　　휴대폰속의 안부를 듣는다
　　매일 새벽 습관 된 배드민턴
　　갈까 말까
　　가을은 짧고 발 빠른 겨울 앞에서
　　망설임이 잠시 흔들린다
　　모자란 잠 털어내며
　　신발장 앞에서 운동화 끈을 질끈 묶는다
　　나서는 발걸음
　　사방은 아직 미명인데

싸늘한 공기가 온몸을 엄습한다
　　땀 흘리는 시간, 파이팅이 넘치고
　　충만한 엔돌핀과 함께
　　내안의 세포들이 웃는다
　　신발을 신기까지
　　자신과의 짧은 타협이
　　나의 긴 하루의 안부를 묻는다
　　나를 깨우는
　　아 - 상쾌한 아침이다
　　　　　　　-「새벽을 열다」전문

"못 하는게 뭐야?"하고 우문으로 물으면 잔잔한 미소로 현답을 한다.

무엇이든 주어지면 열심히 하는 노력형이라고…

그렇게 열정적인 것에 비해 시인은 아직도 아버지에 대한 잔상과 그리움에 빠져 가끔은 아버지의 꽃밭을 그려간다. 시인은 아버지의 숨소리조차 잊지 못하고 아버지를 닮아가려 서성이는 애송이다. 언제든 붓 들고 묵향에 젖어 산다. 얼마 전 7인7색 전시회를 무사히 마치고 흩어져있던 글들을 모았다. 한해의 마무리를 위해 선택한 시인의 몫을 해내고 있는 것이다.

　　가을밤, 나 홀로
　　오징어채를 질겅질겅 씹는다
　　남편이 먹다 남은 막걸리 맑은 윗물
　　짜릿하다

술기운일까
우울감에 눈물이 난다
이 눈물 무슨 뜻일까
생각이 꼬리를 잇는다

실컷 울려고 부모님 산소를 찾았었지
엄마 엄마 부르며 아이처럼 울고 싶었는데
갑자기 무섭더라 이런
정신없이 산에서 내려왔어

이 좋은 시절에
엄마가 울지 말라고 무섭게 했나봐
차라리 신나게 살아가라고
─「울고 싶은데」 일부

어느 해인가?

지인의 출판기념회에서는 하모니카를 연주하여 문학에 빠지기 전 먼저 향수에 들게 한 일도 있었다. 악보나 규칙 없이 오직 감성으로만 우리에게 가슴을 설레게 한 연주는 한동안 유년의 그 고향 역을 떠올리게 하였다. 명절이 되면 가부 없이 고향과 어린 시절로 돌아가는 우리네 향수를 슬쩍 건드렸는데 많은 호응을 얻는 것은 여과 없는 시인의 성격 탓일 것이다.

또한, 키우던 반려견에게 보내는 애정은 유기하는 몇몇 사람들에게 전해주는 간절한 메시지가 강렬하다. 반려견과의 추억 그리고 죽음에 대한 애도와 그리워하는 모습들이 생생하다. 눈물 없이는 말하고 전할 수 없을 만큼 푹 빠지게 한다.

여행 친구들과 함께하는 길
산새들의 노래
매혹적 가을 향기
함께 걷는 찬연한 단풍나무가
오색 등불 밝히고 우리를 반긴다
우리는 산처녀가 되어
단풍잎 하나에도 깔깔깔
웃음이 떠나지 않고 젊어지고 있었다
마음은 아직 청춘인 것을
한여름 푸르름으로 무성했던 나무들
움켜졌던 손을 활짝 편다
꽃보다 예쁜 잎새들
바람에 일렁이면 미련없이
하나 둘 털어내 이별 하고
지구 한 모퉁이를 비우고 있었다
-「가을을 밟다」 전문

합죽선의 그림을 그리고 손녀와 소통하고 지인들께 나누는 풍성함도 가지고 있다.

한 여름 합죽선을 흔들며 바람 일으키는 그 향기는 신선함으로 다가온다.

그 작은 체구에서 이어지는 인내심, 지구력과 순간순간 헤쳐 가는 생활의 번뜩임을 글로 잘 풀어내고 있다.

시인의 글을 대하다보면 아픔도 잠시 있었던 것 같다.
그 아픔을 잘 소화하고 승화시킨 시인의 찰라가 다소
궁금해지기도 한다. 전문적인 인문학 언어보다는 생활
그 자체에서 생겨나는 감정들의 집합체는 시인의 글과
정비례하고 있다. 그래서 신박하다

> 연락을 끊으신 당신
> 매일 벼루에 먹을 갈으시고
> 안으로 밖으로 먹물로 채우시던
> 어쩌면 속이 새까맣게 물들었을
> 마지막 문턱을 넘는 순간 까지도
> 수많은 검은 조각 홀로 품으시고
> 미지의 세계를 꿈꾸시더니
> 지금은 닿을 수 없는 세상에서
> 어떤 꿈을 꾸시는지요
>
> 잔잔한 바다같은 목소리
> - 어이쿠 우리 둘째 딸이구나
> 전선을 타고 흐르는
> 물소리 같은 그리움
> 늦은 봄비가 올 듯 말 듯
> 수상한날에
> 서랍 속에서 침묵하는 아버지의 음성
> 　　　　　　　-「수신 부재」일부

　세상은 자꾸 거미줄에 얽히듯 꼬여만 가는데 감히 글
로 문학으로 풀어가는 시인은 오감을 충족시키는 시인

임에 분명하다. 너무 깊게 들어가 전문적인 서적이 아니라, '하여가' 흘러가지만 '단심가'를 부르게 하는 시인의 시어는 계절도 관계도 시간도 공간도 초월하는 신선한 경험이며 우러나와 체험하는 순수문학의 징표다.

  여행도 자주하며 詩속에서 풍겨 나오는 시인만의 그 맛은 유유자적 흐르는 두물머리 시작으로 합수가 되면 거센 파도도 밀려오는 물결로 서로 감동하며 자유롭다

    젊어 한때 암울 했던 시절
    세상을 바꿀 수도 있다는
    혁명적 꿈과 희망으로 부풀어
    뜻으로 뭉치면 안 될 건 없다 했었지

    그 시절엔 그랬지
    컴퓨터는 없었고
    머리에 백과사전 차곡차곡 쌓였지

    생의 높은 곳
    점점
    자연의 섭리를 깨달아 가지만
    지금의 신세대
    핸드폰 안에 우주가 들어있다
    모든 걸 꺼내 쓰는데
                    -「일흔 즈음 그 사람」 일부

  시인은 제1시집과 2시집에서 아버지의 대한 그리움

과 유년을 떠올리며 시작에 몰두를 했다. 돌아보니 함께 살아온 동반자와 일흔 고비를 넘게 살아오며 동고동락한 모습들이 스쳐가며 허전해할 부군에게 무언가 마음을 표현하려 했나보다. 일흔 즈음의 그 사람에게 시인의 마음을 전하고도 싶었나보다. 여행을 떠나서도 함께 있었어도 그저 공기 같은 사람, 스며들던 사람 이렇듯 자연스런 관계에서도 예절을 지키고 싶다는 느낌적인 느낌을 표현했다. 참 여러 가지 향내를 담고 있는 시인의 섬세한 감정들의 집합체, 그것에 빠져야겠다.

    일본 섬에 갔다
    생각을 되돌아보고 점검하기 위해
    일본인들의 곳곳을 꼼꼼하게 엿보았다
    일행 중 유쾌한 선생님이 농담을 제안
    낯선 이곳에선 일시적으로
    서로 교장이라 부르자 했다
    부인들 셋은 졸지에 장모님이 되었지
    교사는 사모님
    교감은 감모님
    교장은 장모님이라 누가 말했던가
    조선의 흔적이 곳곳에 묻어있고
    조선의 산역사가 숨어 있는 곳
    그곳은 그 옛날 조선 땅이었음을
    그들은 외치고 있었다
    국사, 수학, 화학 전공의 옛 교사들은
    본인들 분야의 상식을 펼치며

장모님들에게 향긋한 감동을 주었지
　　　　　－「대마도에서 얻은 이름」 일부

　살다보면 머문자리에 흔적이 남듯 우리가 살아가는 동안 해야 하는 일들과 할 수 없는 일 그리고 꼭해야할 일들이 너무 많다. 서로의 과정을 중요시하고 때론 결과론에 빠져 관계를 이을 수 없게 되는 결론에 도달하게 된다. 알고 있으면서도 지나치게 되는 소소한일들을 자신의 감정 속에 넣었다가 여과하여 새롭게 써간 시인의 감정 그 집합체를 대하면서 아름다운 시간으로 승화시켜 보자.

송춘용 시집

꿈꾸는여행

초판 인쇄 2024년 11월 5일
초판 발행 2024년 11월 10일

지은이 송춘용
펴낸이 강신용
펴낸곳 문경출판사
주 소 34623 대전광역시 동구 태전로 70-9 (삼성동)
전 화 (042) 221-9668~9, 254-9668
팩 스 (042) 256-6096
E-mail mun9668@hanmail.net
등록번호 제 사 113

ⓒ 송춘용, 2024
ISBN 978-89-7846-860-2 03810

값 12,000원

* 무단 복제 복사를 금함
* 잘못된 책은 교환해드립니다.
* 이 책은 ∧∧/ 한국예술인복지재단 예술활동준비금지원
  사업에서 지원받아 발간하였습니다.